이리될 줄 알았더라면

이리될 줄 알았더라면

이리될 줄 알았더라면

2022년 11월 8일 초판 1쇄 발행

지은이 | 임순미
편집인 | 우경신, 양선애
발행처 | 도서출판 선교햇불(ccm2u)
　　　　전화 : (02)2203-2739
　　　　팩스 : (02)2203-2738
등록일 | 1999년 9월 21일 제 54호
등록처 | 서울 송파구 백제고분로 27길 12(삼전동)

값 9,000원
ISBN 978-89-5546-858-8　03230

이리될 줄 알았더라면

임순미 지음

신교횃불

차례

어느덧 나이가 팔십 줄에 접어들었다. 살아온 세월을 뒤돌아보면 후회되는 일이 많이 떠오른다. 어린 나이에 어머니가 돌아가셔서 어머니의 사랑을 실제로 많이 받지 못한 나는 자녀들을 사랑한다면서도 여러모로 미숙해서 자녀들에게 상처를 줄 때가 많았다. 다행히도 좋으신 하나님께서 마음 밭이 좋은 아이들을 맡겨주셨고, 아이들은 하나님의 은혜로 잘 커 주었다.

그 고마움을 아이들에게 전하고 싶었는데, 이번에 내 마음을 책에 담게 되었다. 글을 쓸 수 있도록 여건을 허락해 주신 하나님과 늘 내 곁에서 함께해준 남편, 하나님이 내게 맡겨주신 귀한 아이들에게 감사의 마음을 전한다. 이 책이 나오기까지 수고해 준 조카 며느리 우경신 전도사와 앞집에 사시는 퇴임하신 국어 선생님께도 감사의 말씀을 드린다.

임순미

긁어 부스럼

"당신 요즘도 걸을 때 허리가 많이 아프지?"

직장 동료들 모임에 다녀온 남편이 느닷없이 묻기에,
"응, 걸으면 좀 아프긴 하네"라고 대답했다.

남편은 "그럼, 당신 주민등록번호 대봐!"라고 하더니,
어딘가로 전화를 걸고는 상대방에게
내 전화번호와 주민등록번호를 불러주곤
내일 몇 시에 가겠노라고 약속까지 했다.

무슨 일이냐고 물으니, "응, 오늘 오○○이를 만났는데,
강남에 있는 어느 정형외과에서 허리 수술을 받았는데,
아주 거뜬해졌대, 또 왜 그 진○○씨 있잖아.

그 사람은 거기서 무릎 수술을 받았다는데
멀쩡하게 잘 걸어 다녀.
그 병원 원장은 돈이 아주 많은 사람이라
돈 때문에 병원을 운영하는 게 아니라네”라고 했다.

남편의 말을 들으며 요즘도 그런 의사가 있나 싶었지만
왠지 마음이 끌렸다.
하지만 남의 말을 다 믿을 수는 없어서
“그래도 여보, 좀 알아보고 해야지” 하니,
남편은 “알아보긴 뭘 알아봐”라며 버럭 소리부터 지른다.

남편이 소리를 지르거나 안색이 변하면,
나는 일단 토를 달지 않는다.
결혼 전에는 나도 한가락 하는 성질이었는데
나보다 더한 사람과 살다 보니 내 성질이 그냥 수그러들고 말았다.
칠 년 연애 끝에 결혼한 남편은
결혼 전의 유머러스하고 멋있는 사람이 아니었다.
무슨 일이 자기 뜻대로 안 된다 싶으면, ‘욱’해서 소리를 지른다.
어쩌면 예견된 일이기도 했다.

나는 2남 3녀의 막내딸이고
남편은 5남 1녀의 맏아들이니 말이다.
아버님은 남편이 열아홉 살 때 돌아가시고
어머님 혼자 농촌에서 아이들을 데리고 사셨으니
남편에게 지워진 삶의 무게는 엄청났고
늘 마음이 짓눌리는 것 같았으리라.

그 시절에는 맏이가 서울에 사는 경우
보통 동생들이 중학교만 졸업하면 형네 집으로 보내는 것을
당연하게 여기던 때였다.

우리도 마찬가지였다.
신혼 때부터 어쩔 수 없이 두세 명의 시동생이
우리 집에 머물다 가곤 했는데
 심지어 다섯째 시동생은 아직 차례가 안 되었지만
어느 날 시골집에 다니러 간 남편이
시동생이 기침을 오래해서 시골집에 두었다가는
아이 죽이겠다며 나하고 한마디 상의도 없이
초등학교 5학년짜리를 데리고 올라왔다.

끝으로 시누이가 하나 남았는데

시누이는 유복녀여서 어머님은 물론 오빠들 모두

공주처럼 아끼고 사랑해 주었다.

당시 우리 집 경제 사정은 그리 좋지 못했다.

경제적으로 옹색하다 보니 다툴 일이 왜 없었겠는가?

예를 들어서, 내 편이나 동생들 편을 드는 식으로

둘 중 하나를 선택해야 할 일이 생기면

남편은 어김없이 나를 윽박지르고 동생들 편을 택했다.

나는 몹시 서운했지만 남편의 입장을 모른 척할 수도

없었기에 그런 세월을 오십 년이나 이어왔다.

이제는 남편에게 순종하는 것이 천성인 양 오히려 편안하다.

다음날 나는 그런 마음으로 남편을 따라나섰다.

전에도 몇 군데 정형외과를 다니긴 했는데,

퇴행성 척추 협착증이라면서 아직 수술할 단계는 아니라고 했다.

그후로는 물리치료를 받고 심하면 주사 맞으면서

그럭저럭 지내왔다.

그러다가 이번에는 어떤 얘기를 듣게 될지 반신반의한 채로
남편이 알아낸 새 병원을 찾아갔다.

병원을 소개해준 그 ○○이로부터 간단히 원장 소개를 받은 뒤
검사를 받게 되었는데 … 오랜 시간 동안 MRI, 엑스레이,
심전도, 골다공증 검사 등 갖가지 검사를 다 받고
마침내 결과를 들으러 진료실에 들어갔다.
그런데 원장의 말은 의외로 너무 간단했다.
팸플릿에서 본 듯한 척추 사진을 하나 놓고
요기조기 짚어가며 두루뭉술하게 설명했다.
원장은 이 정도는 시술로 간단히 치료할 수 있지만
만약에 시술해서 안 되면 수술을 하고, 수술비에서
시술한 비용을 제해 주겠다며 돈 얘기부터 하는 것이다.

지금 생각해 보면 상대방이 하는 말의 의도를 알아들었어야 했다.
그러나 그날은 무엇에 홀린 듯
즉석에서 시술을 받기로 결정해버리고 말았다.
원장실을 나오면서부터 상황은 조금씩 틀어지기 시작했다.

영문도 모른 채 한참을 기다렸고,

시술을 받으려는 순간 의사를 보니,

내 상태에 대해 설명해준 원장이 아닌 다른 의사였다.

나를 본 의사의 첫마디는 "허리, 어디가 아파요.

한번 걸어보세요"였다.

순간 나는 '아니, 그 많은 검사자료는 다 어디에 두고

걸어 보라고 하나?' 의심이 들기 시작했지만

후회해도 소용없고, 이미 북송선을 탄 후여서

다른 방법은 없어 보였다.

그렇게 시술을 받은 후,

나는 전에 없던 극심한 고통을 경험하게 되었다.

진통제도 듣지 않았고, 밤에는 잠을 잘 수가 없었다.

너무 아파서 살며시 일어날라치면 옆에서 자고 있던 남편이

마치 지남철에 끌린 듯 나를 따라 일어나

"또 아파?" 하며 슬픈 눈으로 나를 쳐다본다.

'아이고, 이게 무슨 긁어 부스럼이람?'

나는 "지식 없는 소원은 선하지 못하고 발이 급한 사람은

잘못 가느니라”는 잠언 19장 2절 말씀이 생각났다.

너무 경솔했구나 싶어 탄식이 나왔다.

남편 핑계를 대며 원망하고 싶었지만,

사실은 내 잘못이 더 컸다.

시술을 결정하고 꽤 오랜 시간을 기다리게 되었을 때,

남편이 “우리 그냥 집으로 갈까?” 하고 물었는데, 별 생각 없이

그냥 기다리자며 남편의 의사를 무시했으니 말이다.

나는 ‘동료들이 모두 나았다고 했으니 나도 괜찮겠지’,

‘원장이 돈 때문에, 병원을 운영하는 게 아니라는데

속이지는 않겠지’, ‘전철을 몇 번이나 갈아타고

여기까지 왔는데, 다시 오려면 또 힘들지’ 등등

여러 가지 이유를 떠올리면서 철석같이 믿으려 했던 것이다.

좀 더 알아보고, 또 생각해 보고 아이들과 상의해서

결정했어야 했는데, 마음이 급해서 잘못 결정한 것이다.

잠언의 말씀처럼 지식이 없이 발이 급해서 잘못 간 것이다.

게다가 시술비도 다른 병원의 거의 두 배나 지불하고

나왔으니…

"지식이 없는 소원은 선하지 못하고
발이 급한 사람은 잘못 가느니라"(잠 19:2)는
말씀이 생각났다.

좀 더 알아보고, 또 생각해보고 결정했어야 했는데,
마음이 급해서 잘못 결정한 것이다.

22500N

때로는 부부 싸움도 할 만하네요

1995년에 입주를 시작했으니까,

우리가 이 집으로 이사 온 지 올해로 이십오 년이 넘었다.

그동안 여러 집이 이사 가고 왔는데,

우리와 같이 입주해서 지금까지 사는 몇몇은 때로

멀리 있는 친척보다 가까울 때가 있다.

가깝다고 해서 지나치게 어울려 다니거나

상대의 개인적인 삶을 무례하게 방해하는 일은 없다.

형님, 언니, 동생이라 부르며 가깝게 지내긴 하지만

어느 정도의 알맞은 거리를 두는 친구 같은 관계로,

서로 행복하고 발전하도록 격려하며

큰일이 있을 때는 모두 모여서 축하하고 위로해 주는

참 좋은 이웃이다.

남편들이 직장에 다닐 때는 낮에 집에서 모일 때가 많았지만,

남편들이 퇴직하고 집에 있는 시간이 많아진 이후에는

집에서 모이는 일이 거의 없다시피 하다.

그런 우리에게 오랜만에 집으로 모일 기회가 생겼다.

어느 날 아침에 남편이 부부 싸움 끝에 집을 나간 것이다.

원래 부부 싸움이란 별로 대수롭지 않은 일이

발단이 되는 경우가 많은 것 같다.

그날도 참 우습게 싸움이 시작되었다.

우리에게는 딸이 둘 있는데, 결혼해서 둘 다 미국에 살고 있다.

마침 작은딸이 이사했으니 한번 오시라며 연락을 해왔다.

미국에 가게 되면 큰딸네 집에서 한 달, 작은딸네서 한 달,

적게 잡아도 두 달은 있게 된다.

그럴 경우에 문제가 하나 생기는데,

집에 있는 화분에 물을 주는 일이다.

나는 동생처럼 생각하는 아랫집에다 부탁해야겠다고 마음먹고

있었는데, 남편은 과천에 사는 아들네를 생각했나 보다.

아들네는 우리 집에서 차로 한 시간 이상이 걸리니,

아들네가 우리 집에 와서

두 달 동안 있으면 되지 않겠느냐고 하는 거다.

나는 그건 말이 안 된다고 언성을 높였다.

아들도 자기네 생활이 있는데 말이다.

아들, 며느리의 직장, 특히나 손녀딸 어린이집은 어쩌고 ….

그렇게 반응한 나에게 남편은 몹시 마음이 상했나 보다.

그러지 않아도 퇴직해서 집에 있는 시간이 많아지다 보니,

조그만 일에도 잘 삐치던 차에 이때다 싶었는지

남편은 가방 하나 싸 들고 집을 나갔다.

나는 내가 크게 잘못했다는 생각이 들지 않았고

집에 가만히 쭈그리고 앉아 있기도 싫어서

아랫집 동생, 그리고 102호 형님을 불러서

감자옹심이 집에 가서 점심을 사고는

우리 집에 와서 차나 마시자며 같이 집으로 오게 되었다.

현관문을 열고 집안으로 들어서는데 102호 형님이

'아이고, 이거 가스 냄샌데…' 하며

얼른 창문 열어야 한다고 바쁘게 움직였다.

곧바로 관리실에 연락했더니 20분이 못 되어

젊은 남자 기사가 왔다. 그 사람 역시 문에 들어서자마자

냄새가 난다면서 황급하게 움직였다.

여기저기 가스 누출 감지 기계를 갖다 대며 살피더니

어디론가 전화를 하고는 다른 기사가 올 것이라며 그냥 갔다.

조금 후에 좀 더 나이 든 기사가 왔는데

그 역시 머리를 갸우뚱갸우뚱하며 한참을 열심히 찾더니만

드디어 가스가 새는 곳을 알아냈다.

사실은 이 집으로 이사 오면서 뒤쪽의 베란다에

가스관을 연결해서 가스레인지를 하나 더 설치했다.

그렇게 한 이유는 이 집으로 이사 오기 얼마 전에

나의 오랜 친구와 영원한 이별을 했는데, 이유는 폐암이었다.

그 친구는 음식 솜씨가 유별나게 좋은 친구로,

내 생각에는 이 친구가 가스를 쓰는 시간이 길다 보니

그런 일이 생기지 않았나 싶었다.

나 역시 식구가 면으로 된 하얀 속옷만 입다 보니

매번 삶는 것이 습관이 되었고 오랜 시간 조리해야 하는 음식은

거의 다 베란다에서 하는 편이어서

이사 오면서 가스레인지를 하나 더 설치했다.

몇 년 지나서는 주방에 인덕션을 설치해서 쓰고 있었기에

집 안에서는 가스 냄새가 나지 않았다.

그런데 얼마 전부터 아침에 일어나서 뒤쪽 베란다의 문을 열면

가스 냄새가 났다.

중간 밸브를 확인하면 단단히 잠겨 있어서

우리 집은 아니고 밖에서 나는 냄새인가 보다 하고는

창문을 열고 내다보곤 했는데,

냄새가 나는 곳은 밖이 아니라 바로 우리 집이었던 것이다.

처음에 가스관을 연결해서 설치하면서 베란다 타일 바닥에

딱 붙여서 연결한 후 페인트 칠을 하지 않은 채 두었던 것이

조금씩 부식되면서 구멍이 난 것이었다.

세월이 흐르면서 그 구멍은 점점 더 커졌고

정말 운 좋게도 폭발 직전에 발견하게 된 것이다.

생각해 보니 참으로 아찔했다.

102호 형님이 아니었다면, 나는 밖에서 나는 냄새라고

생각하고 무심하게 지나쳤을 것이다.
전화위복이란 이런 일을 두고 하는 말인 것 같다.

가스관을 바닥에서 조금 떼어서 설치하고
페인트도 은색으로 새로 칠했다. 집의 상황이 정리된 후,
아들에게 부탁해서 아빠에게 이 사실을 알려 드리라고 했더니
남편은 무슨 소리냐며 의심을 하시더란다.

얼마 후 남편이 집으로 돌아왔다.
남편은 이곳저곳 살펴보며 그동안 일어난 일들을 확인했다.
우리는 어색하게 서로 쳐다보다가 결국 화해했고
두 손을 맞잡고 하나님께 감사의 기도를 드렸다.

SOONMY.16

그것을 알고는 마음이 바빠졌다

고교 동창인 이평숙 권사 소개로 대학생 선교회에서
매주 실시하는 어머니 성경 공부 모임에 참석하게 되었다.
잠실에서 서대문에 있는 대학생 선교회관까지는 버스로 가기에
꽤 먼 거리였는데, 나는 당시 초등학교에 들어가지 않은
어린 아들을 데리고 매주 빠짐없이 모임에 참석했다.

서른 명 남짓 되는 인원이 참석한 모임은
아침 10시부터 오후 4시까지 꽤 오랜 시간 동안 지속되었다.
모임을 하는 동안 아들은 전혀 말썽을 부리지 않고 얌전하게
내 옆에 앉아서 스케치북에 조용히 그림만 그리고 있었다.
그때 아들이 그린 그림은 자전거 타는 아이,
자동차 등 자기가 관심 있어 하는 것들이었다.
훗날 나는 이 시간이 나뿐 아니라 아들에게도 참으로

귀한 시간이었음을 알게 되었다. 그렇게 자기 그림에만 열중하는
아들이 설마 간사님의 말씀을 알아들었으랴 싶었는데,
집으로 돌아오는 차 안에서 아들은
"엄마, 베드로는 유대인에게 복음을 전하고
사도 바울은 이방인 선교를 했지요?" 하는 것이 아닌가.
나는 참 신기했다. 안 듣는 척하면서 다 알아들었구나.
어릴 때부터 교회 모임이나 교회 생활에 친숙했던 아들은
고등학생이 되고 사십이 넘은 가장이 되어서도 변함없이
하나님을 최우선 순위에 두는 삶을 살고 있다.
아들이 고등학교 다닐 때는 주중에 야간 자율학습을 하고
주일에도 나와 공부하라는 엄격한 지시가 있었지만,
아들은 한 번도 간 일이 없었다.
3년간 흔들림 없이 꼬박꼬박 교회에 가서 예배를 드렸다.
하나님께서도 그 믿음을 어여삐 보셨는지
명문인 Y대학에 합격시켜 주셨다.

또한 나는 모태 신앙인이지만 그때까지 그저
이론이나 습관적으로 믿으며 교회에 다니고 있었는데,
어머니 성경 공부 시간에 갈라디아서를 공부하던 중에

놀라운 일이 생겼다.

이제까지 수백 번도 더 들었던

예수님의 십자가 사건이 다르게 다가왔다.

예수님은 다른 사람이 아닌 나를 위해 돌아가셨고

내 죄를 사하시기 위해서 십자가에 달려 돌아가셨으며,

나의 옛사람은 죽었고 예수님의 부활하심과 동시에

내가 다시 살아났다는 것을 알게 되었다.

이제까지 한 번도 죄를 지은 적이 없는

새로운 사람으로 다시 태어났다는 것을 말이다.

이 사실을 알고는, 나는 정말 기뻤다.

성경공부를 하는 내내 얼마나 많이 울었는지 모른다.

이 기쁜 소식을 한 사람에게라도 더 많이, 더 빨리

전하고 싶어서 마음이 바빠졌던 기억도 난다.

오래전의 일이지만 지금도 여전히 그때의 감격을 잊을 수가 없다.

감사하게도 그 시간이 자양분이 되어서,

지금까지도 나는 매일 아침 남편과 함께 예배를 드리며

하루를 시작한다.

"그러므로 믿음은 들음에서 나며
들음은 그리스도의 말씀으로 말미암았느니라"(롬 10:17).

이 기쁜 소식을 한 사람에게라도 더 많이, 더 빨리
전하고 싶어서 마음이 바빠졌던 기억도 난다.

FLOWEY
SHOP
22 SOON

지금도 가끔씩 생각이 납니다

내가 주일예배를 드리는 본 교회는 집에서 멀리 떨어져 있어서
차를 타고 가야 하기에, 새벽 예배를 드리기 위해서는
동네에 있는 가까운 교회를 찾곤 했다.
동네 교회는 보통 예배가 시작되기 전에
성도들이 기도로 준비하도록 불을 꺼둔다.
평소처럼 그날도 새벽예배를 드리러 간 나는 어두운
예배실 의자를 손으로 더듬더듬 짚으면서 들어가 앉았다.
마침 옆에는 어느 여자분이 앉아 계셨다.

예배가 시작되고 목사님이 성경을 읽으시는데,
마가복음 7장 32-35절을 본문으로 짧게 말씀을 전하셨다.
예수님께서 귀먹고 말 더듬는 이의 귀에 손가락을 넣어서
고쳐 주신 이야기였다.

말씀이 끝나고 개인기도 시간이 되어

눈을 감고 머리를 숙여 기도하던 중에,

나는 소스라치게 놀라고 말았다.

무언가가 느닷없이 내 양쪽 귀로 쑥 들어오는 게 아닌가?

나도 모르게 눈을 번쩍 뜨고 고개를 들어보니

옆에 앉아 있던 여자분이 내 귀에 손가락을 넣은 것이었다.

그런데 그분은 아무렇지도 않게 아주 당연하다는 듯이

나를 위해 큰일을 한 사람처럼 당당해 보였다.

나는 어찌해야 할지 난감했다.

가만 보니 전에도 이 교회에서 몇 번 본 적이 있는 사람으로

정신적인 문제가 있는 분은 아닌 것 같았다.

그렇다면 이분은 도대체 무슨 생각으로 이런 행동을 한 걸까?

'말씀을 문자적으로만 이해해서 행동으로 옮길 때

이분처럼 율법주의자가 되거나 자칭 예수가 되어

교만해지게 되는 게 아닐까?'

돌아오는 길에 나도 모르게 자꾸만 내 귀를

쓸어내리며 생각해 보았다.

하나님은 나에게 딸 둘과 아들 하나를 주셨다.

막내인 아들은 큰딸과는 열 살, 둘째와는 여섯 살 차이가 난다.

태중에서 거꾸로 있었고

노산이라 위험하다고 해서 제왕절개로 낳았는데,

그래서 그런지 아들은 어려서부터 몸이 약했고

병원 출입이 잦았다.

대여섯 살 무렵, 아들은 한동안 밤에 기침을 계속해서

거의 주기적으로 병원에 가야 했고,

한밤중이면 더 심해져서 응급실에도 자주 갔다. 그럴 때면

링거를 맞았는데, 어찌나 참을성이 많은지 울지 않았다.

링거는 맞을 때 시간이 오래 걸리고,

자칫 잘못 움직이면 바늘이 비뚤어져서 바늘이 꽂힌 자리가

불룩하게 부어올랐지만 그럴 때조차 우리가 알아보기 전에
아들이 먼저 아프다고 보채는 일은 없었다.

"왜 그렇게 참았어. 아프다고 하지."

"남자는 잘 참아야 해요."

어디서 들었는지, 그런 말도 했다.

슬며시 웃음이 나오면서도 마음은 너무 아팠다.

다행히 아들은 크면서 점점 건강해져서

휴일이면 남편은 세발자전거에 기다란 밀대를 꽂고,

자전거를 타는 아이 뒤에서 밀대를 잡고

두어 시간 동네를 돌아오곤 했다.

규칙적으로 운동을 지속한 덕분인지 아이는 날로 건강해졌다.

세발자전거 타기를 졸업하고는 제법 혼자서 달리기도 하였는데,

지금도 기억나는 건 달리기 자세이다.

보통 달리기를 할 때는 왼발을 앞으로 내밀면 오른팔이 앞으로

움직이게 되어, 손과 발을 엇갈려서 달리게 되는데,

우리 아들은 오른발에 오른팔, 왼발에 왼팔을 내밀면서 달려서,

그 모습이 정말 웃겼다.

그래도 우리 눈에는 대견스럽고 예쁘기만 했다.

아들이 어느덧 훌쩍 커서 ROTC로

38

군대에 가게 되었을 때는 참으로 감개무량했다.

북한군이 빤히 보이는 최전방에서 복무하게 되었는데,

그때도 별로 힘든다, 어렵다는 말은 하지 않고 잘 지내 주었다.

아들이 군인으로 복무하면서 받은 봉급은 적다면 적고

많다면 많은 금액인데, 적금을 들어서 꼬박꼬박 모았다.

꼭 필요한 것 외에 지출은 하지 않는 눈치였다.

다만 어려서부터 은연중에 심긴 하나님에 대한

신앙을 잘 지켜서 봉급 중에 십 분의 일을

선교단체 후원금으로 보내는 일은 빼놓지 않았다.

군 복무를 마치고 제대한 아들은

그동안 적금을 들어서 모은 돈을 우리 앞에 내놓으며

아빠, 엄마 마음대로 쓰시라고 했다.

하지만 그렇게 모은 돈을 함부로 쓸 수는 없었다.

아들의 성격을 잘 알기에 군대에서 얼마나 참고 견뎠을지

짐작이 갔기 때문이다.

뭔가 의미 있는 일을 하도록 도와주고 싶어서 알아보니,

우리 집 근처에 빌라가 많이 있었다.

2007년만 해도 요즘처럼 집값이 비쌀 때는 아니어서
전세 3,500만 원을 끼고 6,700만 원인 집을 하나 사기로 했다.
전세금을 빼면 3,200만 원이고,
세금과 비용을 포함해서 3,500만 원이 필요했다.
아들이 적금 탄 돈에 남편과 내가 조금씩 보태서 집을 구입했다.
우리가 보태준 돈은 후에 아들이 직장생활을 하면서
매월 얼마씩 갚아서 몇 년 뒤에는
결국 온전히 아들 힘으로 집을 마련하게 되었다.
요즘처럼 집 마련하기가 어려운 때에
얼마나 감사한 일이었는지 모른다.

아이들을 키울 때, 나에게는 한 가지 원칙이 있었다.
"나를 존중히 여기는 자를 내가 존중히 여기고
나를 멸시하는 자를 내가 경멸하리라"(삼상 2:30)는 말씀으로,
이것은 내 자녀양육의 철학이 되었다.

본문에서 엘리 제사장은 아들들의 악행을 잘 다스리지 못하고
훈육하지 못해서 결국 가문이 멸망하게 된다.
나는 아들이나 딸에게 이 말씀을 적용하여,

아이들이 내 소유가 아니라 하나님께서 나에게 맡겨주신

아이들이라고 생각하고 신앙교육을 철저하게 해왔다.

아이들은 우리 부부의 바람대로

곁길로 새거나 방황하지 않고 잘 자라 주었다.

기도한 대로, 두 딸은 신앙 좋은 사람을 만나 결혼하여

믿음의 가정을 이루었다.

아들에 대해서는 기도 제목이 하나 더 있었으니,

아들에게 작든 크든 리더의 길이 열리면

그의 영향력 아래 있는 모든 이들을 하나님 앞으로 인도하여

하나님의 자녀가 되게 해달라는 것이었다.

그리고 아들이 리더의 자리에 앉으면

그 방에 들어오는 사람들이 보고 즐길 수 있도록

그림을 걸어 주어야겠다고 생각하고 그림을 그리기 시작했다.

그때부터 그린 크고 작은 그림이 현재 30점이 넘는다.

아들을 향한 나의 바람은 명예나 재물이 아니며,

오직 복음 전파에 아들이 쓰임 받기를 원하는 마음뿐이다.

이 소망을 하나님께서는 꼭 들어주시리라 믿는다.

"나를 존중히 여기는 자를 내가 존중히 여기고
나를 멸시하는 자를 내가 경멸하리라"(삼상 2:30).

이것은 내 자녀양육의 철학이 되었다.

까마득한 예전의 이야기이다.

1950년대 중반, 지금은 초등학교라고 부르는

'국민학교'에 다니던 4학년, 열두 살 되던 해의 일이다.

여덟 살 때 경기도 이천으로 피난을 갔다가

다시 집으로 돌아온 나는 서대문 국민학교로 전학하여

처음으로 운동회를 하게 되었다.

4학년 전체가 모여서 며칠씩 매스게임을 연습하고

발표회를 며칠 남겨 둔 때였다.

단체복도 맞추어 입은 터라

그날은 아예 매스게임 복을 입고

등교하려고 집을 막 나서는데,

누워 계시던 엄마가 같이 가겠다고 하셨다.

영문도 모른 채 나는 엄마를 따라나섰다.

학교에 오신 엄마는 교무실 문을 여시더니

매스게임을 가르치시는 선생님을 보자고 하셨다.

엄마는 선생님에게 내 운동복이 너무 작다며 호통을 치셨다.

평소에 보던 엄마가 아니었다.

엄마는 조용하고 신앙심도 아주 깊은 분이셔서

날마다 새문안 교회에서 울리는 새벽종 소리를 듣고

교회에 가서 예배를 드리셨다.

그런 엄마가 예상 밖의 행동을 하시니,

나는 정말 창피하고 엄마가 원망스럽기까지 했다.

게다가 그 선생님은 처음으로

우리 학교에 부임해 오신 분이었기에,

갑작스러운 학부모의 등장과 호통으로 인해

충격이 크셨을 것이다.

하지만 나이 들어 엄마가 되고 보니

내가 엄마였더라도 그렇게 했을 것 같다.

일제 치하 36년과 6·25전쟁,
엄마는 힘들고 어려운 시기를 살아오셨다.
전쟁으로 인한 피난 길에서 얻은 불치병으로 인해,
머지않아 세상을 떠날 것을 엄마는 알고 계셨다.
아마도 오빠나 언니들보다 막내인 나를 두고 가실 것을
생각하니, 육신의 고통 못지 않게 마음이 더 아프셨던 게 아닐까.
그날 내 몸에 딱 맞는 옷을 보시고는,
'아휴, 내년에도 또 입어야 할 텐데…' 싶으셨고,
내년에 또 누가 챙겨줄 수 있을까 싶어서 용기를 내셨던 것 같다.
그 일이 있은 지 얼마 안 되어 엄마는 세상을 떠나셨다.

이 일은 아주 오래전 일이지만 아직도 기억에 생생하다.
엄마의 모습이 떠오를 때면 나도 모르게 엄마의 심장이 되어
가슴이 먹먹해지곤 한다.

그때의 이별에 대한 마음을 고스란히 담은
김대우 신부님의 글을 적어본다.

이별이 사라짐, 떠남, 없어짐이라면 슬프고 아프다.

그러나 또 다른 감각으로 소통할 수 있다면 이야기는 달라진다.

만날 수는 없더라도 마음 깊은 곳에 살아 있는 사람이

많지 않은가?

함께 있을 때보다도 더 생생하게 영향을 주는 사람도 있다.

꽃은 지지만 이듬해 더 많은 꽃들이 피어난다.

돌이켜보면 이별 후 새로운 만남이 나를 기다렸고

그것은 나를 성장시켰다.

최종 목적지가 같다면 그 길에서 잠깐 이별함은 이별이 아니다.

언젠가는 만나리라 믿는다.

하나님의 세계에서 영원한 이별이란 없기 때문이다.

그렇다. 나도 이제 머지않아 하나님 나라에서

엄마를 다시 뵐 수 있을 것이다.

2.1 SooN

그 입장이 되고 보니

어느 날 작은 언니가 전화를 하더니,

"애, 내가 요즘 치아가 말썽이라 치료를 받고 있는데,

틀니를 해야 할지 임플란트를 해야 할지 결정을 못 하겠어.

네 생각은 어떠니?"라고 물어왔다.

나는 깊이 생각해 보지도 않고 말했다.

"언니야, 우리가 살면 얼마나 더 살겠다고 임플란트를 하냐?

나 같으면 그냥 틀니를 하겠다."

그렇게 단호하게 말한 것이 꽤 오래전의 일이다.

언니는 네 살 위니까, 아마도 그때 육십대 후반이었을 것 같다.

요즈음 나는 치아가 여기저기 말썽을 부려서 결국은

어금니 두 개를 빼게 되었다.

보험 혜택으로 두 개까지는 저렴한 가격으로 임플란트를
할 수 있지만 이미 다 써 버린 후다.
칠십 대 후반이고 낼모레면 팔십 줄에 들어서니 나야말로
얼마나 더 살 수 있을지는 미지수다.
그런데도 선뜻 결론을 내리지 못하고 고민, 고민하다가
결국은 임플란트를 하기로 결정했다.

육십 후반의 언니에게는 틀니를 하라고 권했는데,
팔십을 앞둔 나는 임플란트를 하겠단다.
무슨 말이든 함부로 해선 안 될 일이다.

조용하던 집안에 갑자기 활기가 넘친다.

지난 6월에 아들네 식구들이 우리 집으로 이사를 오게 되어

단출하던 식구가 늘어서다.

아들네가 회사에서 외국 지사로 발령을 받았는데

돌아올 전임자에게 사정이 생겨서

인수인계가 얼마간 뒤로 미루어졌단다.

올봄에 가게 될 줄로 알고 전세 계약을 미리 해 놓았는데

사정이 그렇게 되니 어쩔 수 없이 우리 집에서 같이 있게 되었다.

아들은 우리 집 막내로, 큰딸과는 10년이 넘게 차이가 난다.

위로 딸 둘을 낳고 오랜만에 기다리던 아들을 낳고 보니

온 가족의 사랑은 당연히 아들 몫이 되었다.

늦게 주신 아들인지라 군대 다녀와서 직장만 잡으면

얼른 결혼시켜야지 하는 마음에 지나가는 처자들조차
예사로 보이지 않았다. 그러던 차에 아들 나이 35세에
드디어 5살 아래인 예쁜 며느리를 맞이하게 되었다.
그리고 2년 후, 우리 내외가 70대 중반일 때,
예쁜 친손녀를 보게 되었다. 얼마나 예쁘던지…

손녀가 오는 날에는 무슨 큰 집안 행사인 양 전날부터 분주했다.
마루도 두 번, 세 번 닦았다.
손녀 발에 행여 먼지라도 묻을까 싶어 세심하게 대청소를
마친 후엔 손녀에게 무얼 먹일까 궁리하며
마음 바삐, 몸 바삐 움직였다. 나뿐만이 아니었다.
남편도 제철 과일 두세 가지는 꼭 사다 놓고
손녀가 올 때를 기다리는 것이 큰 낙이었다.

결혼해서 지금까지 기도할 때 외에는 분방하지 말라는
하나님의 말씀에 따라 우리 부부는 늘 한 방에서 지내왔는데,
비상 상황이 생겼다.
안방이 제일 큰 방이니 세 식구가 쓸 수 있게 비워주고
이삿짐은 작은 방 하나에 가득 넣었다.

방 하나에는 남편이 기거하고 다른 방은 내가 사용했다.

거실에는 손녀딸 장난감으로 가득했다.

이사 오기 전에 며칠 동안 버렸다는데, 여전히 차고 넘친다.

그걸 보노라니 어째 내가 좀 부끄러워진다.

삼사십 년 전에 아들이 쓰던 장난감들을 지금도 큰 보물인 양

모셔두었다가 손녀가 올 때마다 내어주곤 했으니…

아들네와 같이 살게 되니 우리의 일상도 많이 달라졌다.

손녀딸이 까르르 웃으면 우리도 큰 소리로 따라 웃는다.

혹시 안방에서 손녀딸 우는 소리라도 들리면

문을 열어보지는 못한 채로 둘이 마주 보고 눈짓하며,

신경이 온통 거기로 쏠렸다.

아침 식사는 우리 내외만 있을 때와 같은 상차림이다.

토마토를 주재료로 해서 거기에다 여러 가지 과일과 채소를

섞어서 갈아 만든 주스 한 잔, 아침잠이 적은 남편이

먼저 일어나서 삶아 놓은 달걀 한 개, 쑥 인절미 몇 조각,

그리고 브라질넛 두세 개를 먹는다.

나는 행여 주스 가는 소리에 식구들이 깰까 봐

믹서를 내 방으로 가져와서 갈았다.

제일 먼저 크고 긴 크리스털 유리잔에 남편 것부터
주스를 듬뿍 담고 다음엔 내 살림 중에 제일 아끼는,
영국 황실에서 쓸 것 같은 빨간 장미꽃이 화려하게 그려진
뚜껑 달린 예쁜 잔에 아들 내외 것을 따랐다.
그러고 나면 내 것은 컵에 담기엔 적은 양이어서
그냥 입을 대고 마신 후 물을 부어 헹궈 마시곤 했다.

아침 출근 시간, 아내보다 일찍 출근하는 아들이 까치발로
안방 문을 살며시 닫고는 우리 부부가 쓰는 바깥 화장실로
향한다. 그 바람에 우리 부부는 아들이 일어나기 전에
볼일도 눈치껏 봐 두어야 한다.
그리고 저녁 8시는 일찍 저녁 식사를 하는
우리 내외에게는 한밤중처럼 느껴지는 시간이었지만,
아들네가 와서 살게 된 후로는 아들이 퇴근하는 시간이 되었다.
퇴근한 아들에게 "아들, 저녁 먹을래?"라고 묻는 것이
일상이 되었다.
하지만 요즘엔 부쩍 귀가 나빠졌는지 두 번, 세 번 묻게 되었다.
평소엔 다정한 아들인데, 엄마가 못 알아듣는 것이

속상한지 좀 퉁명스럽게 대답할 때도 있다.

그러면 몹시 서운하다.

잠시 지난 몇 년을 돌아보면서, 너무나 당연하게 생각하고
누려왔던 일상의 자유가 그리워지기도 한다.

그렇게 함께 지낸 뒤, 2019년 7월에 아들이 먼저 떠나고,
손녀와 며느리는 8월에 집을 떠나 부임지로 갔다.
헤어질 때, 우리는 아들네가 자리가 잡히고 안정되면
다음해 봄쯤 방문하겠노라고 했다.
하지만 2020년이 되면서 연초부터 코로나19로
오갈 수 없는 신세가 되었다.
흔히 하는 말로 '한 치 앞을 모르는 것이 인생'이라지만
이리되고 보니 너무나 보고 싶고 그리워진다.

지난 일 년의 시간이, 특히나 조그만 일에도
까르르 웃어주던 손녀딸의 모습이 눈에 아른거린다.
'이리될 줄 알았더라면 손녀딸을 실컷 안아주고
아들, 며느리에게 따뜻한 저녁이라도 많이 먹여 보낼 걸…' 하는
후회가 밀려온다.

"범사에 기한이 있고
천하 만사가 다 때가 있나니"(전 3:1).

'한 치 앞을 모르는 것이 인생'이라지만
이리되고 보니 너무나 보고 싶고 그리워진다.

어느 초가을 오후, 동네 슈퍼마켓으로 장을 보러 나섰다.

사거리에서 신호를 기다리고 있는데,

옆에 있던 대여섯 살쯤 되어 보이는 아이가

차도로 막 발을 내딛고 있었다.

도로 왼편에서는 오토바이가 전속력으로 달려오고 있었기에,

나도 모르게 "얘" 하고 소리를 질렀다.

놀란 아이는 멈춰서서 내 손을 꼭 잡는다.

요즘은 어린아이 혼자서 큰 길을 다니는 일이 극히 드문데…:

집이 어디인지, 어디 가는 중인지 물어봐도

빤히 쳐다만 보고 대답이 없다. 하는 수 없이

동네 파출소를 찾아갔더니, 지난번 파출소에 불이 난 후로

다른 지역 지구대로 옮겨 갔다고 한다.

나는 아이를 데리고 동네 주민센터로 갔다.

모두 자기 일이 바빠서 내 얘기는 귀담아듣지도 않고

귀찮아하는 기색이었다.

하는 수 없이 나는 우리 집 주소를 알려주고

아이를 찾으러 오는 사람이 있으면

우리 집 주소를 알려 주라고 했다.

아이를 데리고 와서 두세 시간이 지났을까?

먹을 것을 주고 놀고 있는데 초인종이 울려서 문을 여니

삼사십 대로 보이는 젊은 여자가 서 있었다.

아이 엄마인가 싶어서 반가운 마음에 얼른 들어오시라고

했더니, 여자를 본 아이 얼굴이 사색이 되는 게 아닌가?

나에겐 별말 없이 아이부터 꾸짖더니,

자기는 근처에 있는 어린이집 선생이라고 했다.

여자는 황급히 아이를 거의 끌다시피 데리고 갔다.

아마도 선생님의 관리가 소홀한 틈을 타서 혼자 어린이집을

빠져나왔었나 보다. 그 뒤로 가끔 그 꼬마가 생각난다.

아마도 지금쯤 열대여섯 살은 되었을 텐데

어디서, 어떻게 지내고 있을까 궁금하다.

그 날, 아이를 걱정했던 나처럼,

나에게도 어린 나를 걱정해준 어른이 있었다.

내가 중학교를 졸업하고 고등학교 들어갈 무렵의 일이다.

1950년대 말에서 1960년대 초반의 우리나라는

매우 살기가 어려웠다. 어머니가 돌아가신 후 아버지는

아내를 잃은 슬픔으로 인해 가정을 잘 돌보지 않으셨다.

나는 참으로 어렵게 학교생활을 할 수밖에 없었다.

돈 걱정을 하면서 학교에 다니느니,

차라리 그냥 생활전선에 뛰어들고 싶어서 여기저기 기웃거렸다.

그때 눈에 띈 것이 종로3가에 있는 어느 산부인과에서

간호보조원을 뽑는다는 광고였다.

병원이라곤 하지만 허름하고 아주 작은,

어찌 보면 가정집처럼 보이는 그런 곳이었다.

원장님을 뵙고 이곳에서 일하고 싶다고 하니,

첫마디에 거절하시는 게 아닌가? 난 좀 섭섭했다.

하지만 세월이 흐른 다음에 알고 보니

종로3가 주변은 사창가 골목이었다. 산부인과라고는 하지만

아마도 낙태 수술을 전문으로 하는 곳이었던 것 같다.

자격증도 없는 내가 그곳에서 할 일이 있긴 했을까 싶기도 하다.

지금 생각하면 그때 나를 뽑지 않은 원장님이 한없이 고맙다.
그때만 해도 자기 자식이 아니더라도 자라나는
아이들의 미래를, 어른들이나 사회가 부모처럼 걱정해 주지
않았나 싶은 생각이 든다.

위험한 도로에서 내가 아이를 붙잡았던 것이나
의사 선생님이 나를 뽑지 않은 것이 다 어머니의 믿음과
기도가 쌓여서 위험한 상황에서 지키셨던 게 아닌가 싶다.
"나를 미워하는 자의 죄를 갚되 아버지로부터 아들에게로
삼사 대까지 이르게 하거니와
나를 사랑하고 내 계명을 지키는 자에게는
천 대까지 은혜를 베푸느니라"(출 20:5-6)는 말씀처럼 말이다.

그뿐 아니라 사람의 인연은 참 묘한 것 같다.
우리 가족의 족보는 마치 고구마 넝쿨에 고구마가
주렁주렁 따라 올라오듯이 한두 사람의 인연이
가족들의 삶을 이리저리 연결해 주었다.
오래전 일이지만 나의 여고 동창생이 미국으로 이민을
가게 되었을 때, 그 친구의 시동생과 내 시누이가 결혼하면

어떻겠냐고 제안했다. 친구는 나의 제안을 받아들였고,

시누이는 미국으로 시집가게 되었다.

그 후 시누이는 교회에서 아주 좋은 청년을

미리 눈도장 찍어 두었다가 우리 큰딸과 인연을 맺게 해주었다.

또 둘째 딸은 나의 고교동창생 이평숙 권사가 다니는 교회로

우리 식구가 모두 다니게 되면서 교회 고등부에서 만난

남학생과 인연이 되어 결혼하게 되었다.

하나밖에 없는 며느리는 우리 큰딸의 시누이의 조카딸로서

초등학교 때 오빠와 함께 외갓집이 있는 미국으로 유학 가서

대학까지 미국에서 교육받은 미국 시민권자다.

그러고 보면 삼남매 모두 고교동창생들 덕분에

인연을 만났다.

만일 내가 그때 고등학교 입학을 포기했거나

산부인과 원장님이 날 뽑아줬다면 지금과 같은 행복한 가정은

도저히 상상조차 할 수 없는 일이었다고 생각한다.

출발할 때는 불과 2-3도 정도 벗어났는데,

종착지점에 와서 보니 180도 벗어나게 된 것 같은 때가

바로 이런 게 아닐까 싶다.

“네가 네 자신과 가르침을 살펴 이 일을 계속하라
이것을 행함으로 네 자신과
네게 듣는 자를 구원하리라”(딤전 4:16).

자기 자식이 아니더라도 자라나는 아이들의 미래를,
어른들이나 사회가 부모처럼
걱정해 주지 않았나 싶은 생각이 든다.

남편의 얼굴

틀니를 빼놓고 잠든 남편 얼굴을 물끄러미 들여다보았다.
영락없는 합죽이 할아버지의 모습이다.
측은해 보여서 가슴이 뭉클해진다.
한때 ROTC 장교복을 입고 종로의 '맛나당' 빵집을 드나들던
그 사람이 맞나 싶다.

그때만 해도 둘이 나란히 지나가면 길 가던 사람들이
한 번씩 돌아볼 만큼 선남선녀였는데,
언제 이렇게 세월이 흘러 측은한 얼굴로 나란히 누워있나 싶다.

60여 년 전, 우리는 미군 장교들이 영어를 가르쳐주던
내자 호텔의 영어 수업에서 처음 만났다.
당시 남편은 고려대학교 2학년, 나는 진명여고 2학년이었다.

사실 나는 고등학생이라서 수업을 들을 자격이 되지 않았으나
사촌오빠에게 사정해서 가까스로 기회를 얻었다.
수업 첫날, 그는 맨 앞줄에 앉아 있었는데
큰 키에 이목구비가 뚜렷하고 선한 인상을 가진 그에게
내가 먼저 끌렸던 것 같다.

그의 닉네임은 자이언트, 나는 그레이스.
영어수업에서 만나서 맛나당 빵집으로 이어진 데이트는
결국 결혼에 이르렀다.
첫인상에 끌렸던 나는 그의 박력에 사로잡히기도 하고
때론 의외의 모습에 상처를 받기도 했다.
하지만 그 모든 과정은 결국 내 인생의 유일한 한 사람을
알아가는 과정이었다.

이제는 남편이 소리를 지르거나 무슨 말을 해도
그 밑바닥엔 사랑이 깔려 있음을 안다.
그는 좋은 사람이다. 평생 아이들과 가정을 위해서
정직하고 성실하게 살아온 남편이다.
말로만 사랑하는 사람이 아니라 행동으로,

선택으로 매번 보여주었다.

퇴직을 몇 해 남겨놓았을 무렵, 그는 중요한 갈림길에 서 있었다.

1년만 더 있으면 1급 공무원으로 승진할 상황에서

미국 주재원으로 나갈 기회가 주어진 것이다.

본인의 경력만 생각한다면 당연히 승진을 기다려야 했다.

하지만 그는 얼마간의 고민 끝에 미국행을 선택했다.

아이들에게 넓은 세상을 보여주고 싶다는,

오직 한 가지 이유 때문이었다.

우리의 미국 생활은 1년 정도에 불과했지만,

미국에 대한 막연한 기대나 두려움을 해소하기에는

부족함이 없는 시간이었다.

현재 두 딸은 미국에서 살고 있다.

큰딸은 한국에서 교편을 잡고 있다가 교포 2세를 만나 결혼했다.

4남 1녀를 두고 있는데 멀리 떨어져 있어도

마음이 놓이는 이유는 사위 때문이다.

사위는 유머러스하고 매사에 여유가 많은 사람이다.

좋은 일은 모두 아내의 공으로 돌려

아내의 기를 살려주는 그런 사람이다.

다섯 아이 모두 개성을 살려서 잘 자라는 모습을 보고

주변 사람들이 칭찬하면 그 공을 온전히 부인에게 돌린다.

경제적으로도 여유가 있어서

집이나 차 모두 할부로 결제하지 않고도 살 수 있는 것은

사위가 든든한 버팀목이 되어 주기 때문이다.

무엇보다 감사한 것은 아이들을 신앙으로 잘 키우며

악기 한두 개씩 모두 다룰 수 있게 하여

교회 행사가 있을 때는

오케스트라가 연상될 정도로 연주한다는 점이다.

큰딸네는 아이들을 등교시킬 때부터 남다르다.

아이들은 모두 엄마의 기도를 받기 전에는 등교하지 않는다.

엄마가 기도해줄 때까지 문 앞에서 기다리는 것이다.

참 아름다운 모습이다.

한편, 둘째 사위는 두뇌가 명석하고 자상한 성격이다.

새벽에 일찍 출근하면서도 자기 먹을 것은

물론 아이들과 아내의 아침까지 준비해 놓고

식구들이 깰세라 조용히 출근하곤 한다.

아마도 세 아이를 낳고 키우면서 다른 사람의 도움 없이

살아가려면 그렇게 하지 않을 수 없었을 것이다.

아이들이 많이 커서 고등학교, 중학교, 초등학생인 지금도

자상한 면은 여전하다.

집이 큰 편이라 청소부터 시작해서 개 목욕시키는 일, 심지어

식기 세척기에 그릇을 넣고 꺼내는 일까지도 도맡아 한다.

그런가 하면 둘째 딸의 역할도 만만치 않다.

둘째는 어릴 적부터 지혜롭고 현명한 아이였다.

초등학교 가기 전에 쉽게 한글을 다 깨쳐서

학교 가기 전에 동화책, 위인전 같은 것을

전집으로 다 읽고 입학했다.

그래서인지 학교 공부도 뛰어나게 잘해 주었다.

국문과를 졸업하고 교사 자격증을 딴 둘째는,

미국에 가게 되는 바람에 자격증은 오로지

세 아이를 위해서 사용하게 되었다.

둘째는 미국 선생님들로부터도 칭찬을 받았다고 한다.

선생님들로부터, 아이들도 잘하지만 뒤에서 뒷받침해 주는

좋은 엄마 선생님이 있어서 가능한 일인 것 같다는

메시지도 받았다고 하니 말이다.

둘째는 끈기도 대단하다. 결혼 전의 일인데,

남편이 한번 전문 의료인(김남수 옹)에게

침 뜸을 뜨고 온 적이 있었다.

둘째는 매일 뜸을 뜬 자리에 집에서 뜸을 떠드렸다.

한두 군데도 아니고 예닐곱 군데여서 쑥뜸을 뜨면

냄새가 지독했다.

나는 머리가 아파서 한 번도 안 해 드렸는데,

둘째 딸은 결혼 전까지 몇 년을 그리 해 드렸다.

나중에 김남수 옹이 남편의 뜸 자리를 보고

누가 이렇게 정확하게 조금도 어긋남이 없이 잘했느냐고

칭찬을 하셨단다.

그런 인내심과 끈기로 사위의 어려운

유학 생활(박사 과정)도 잘 견뎌냈고

좋은 아내, 좋은 엄마의 역할을 감당하며

부부가 여전히 친구처럼 잘 지낸다.

그런 둘째 딸 부부의 모습도 볼 수 있으니,

난 참 행복한 사람이다.

잠든 남편의 얼굴을 물끄러미 쳐다본다.

남편의 주름진 얼굴에서 지나간 모든 얼굴을 겹쳐서 본다.

언젠가 우리에게도 청춘이 있었고

그 빛나는 푸름은 우리를 거쳐서

자녀들에게로 흘러갔음을 기억하며…

"이는 네 속에 거짓이 없는 믿음이 있음을 생각함이라
이 믿음은 먼저 네 외조모 로이스와 네 어머니 유니게 속에 있더니
네 속에도 있는 줄을 확신하노라"(딤후 1:5).

아이들은 모두 엄마의 기도를 받기 전에는 등교하지 않는다.
엄마가 기도해줄 때까지 문 앞에서 기다리는 것이다.
참 아름다운 모습이다.

정확하게 두세 시간 간격으로 잠을 깼다.

통증으로 인해 밤잠을 설치니 너무 힘들었다.

10년 전쯤 미국에 있는 큰딸네 집을 방문하기 전에

주사를 두 번 맞고 괜찮아서 무난히 다녀왔던 일이 생각났다.

코로나가 성행하는 중에 병원에 들락거리는 건 마음에 내키지

않지만, 그 병원에 가면 꼭 그때처럼 괜찮아질 것만 같았다.

슬그머니 남편에게 운을 띄웠다.

남편도 옆에서 지켜봐서 내가 얼마나 고통스러워하는지

잘 아는지라 오늘이라도 점심 먹고 가 보자고 했다.

병원 이름이 생각나진 않아 기억을 더듬어서 병원을 찾아갔다.

생각보다 쉽게 찾긴 했는데, 왠지 그 병원이 아닌 것 같았다.

환자도 예전보다 없어서 좀 이상하다 싶어 직원에게 물어보았다.

그랬더니 내가 다녔던 병원은 일 년 전에

다른 곳으로 이사했다는 것이다.

사정사정해서 겨우 병원 이름과 장소를 알아내서 찾아갔다.

다행히 십 년 전에 다녀간 기록이 그대로 남아 있었다.

나를 치료해 주신 선생님이 누구신지 찾긴 했는데,

그분은 개원해서 나가셨단다.

그래도 왠지 그 선생님이라면

꼭 나를 고쳐주실 것 같은 생각이 들었다.

전화번호를 알아내어 다음 날 아침 9시까지

선생님이 계신 병원으로 가겠다고 예약했다.

다음 날 아침 7시 30분경에 일찌감치 출발했다.

톨게이트 비용을 내고 일산대교를 지나

이곳저곳을 돌고 돌아 한참을 헤맸다.

하지만 병원을 찾지 못한 채 9시를 넘기고 있었다.

결국 예약한 병원을 찾지 못한 우리는

병원에 전화해서 안 가겠다고 하고, 다시 서울로 차를 돌렸다.

행주대교로 빠져나오니 톨게이트 비용을 낼 필요도 없었고,

시간도 훨씬 단축되었다.

그런데, 오랜 시간을 길에서 보냈더니 소변이 급했다.

행주산성 입구에서 음식점을 봤던 기억이 나길래 장사를

준비하는 사람이 있겠지 싶어 잠시 화장실을 빌려 쓰려고

건물 입구까지 갔다. 그런데 문이 굳게 닫혀 있었다.

너무 급해서 하는 수 없이 건물 뒤 후미진 곳 풀숲을 헤치고

앉아서 볼일을 봤다.

오래 참아서 그런지 쉽게 나오지도 않았다.

"아야!"

무언가가 엉덩이를 딱 물어뜯는다.

오랜만에 사람 냄새를 맡고 이때다 싶은 놈이 있었던 것 같다.

아프다는 소리도 못 하고 얼른 일어나려는데

일어설 수가 없었다.

소주를 담았던 플라스틱 상자가 보이길래 끌어당겨서

한 손으로 그걸 짚고 간신히 일어났다.

비는 부슬부슬 내리는데 두 시간이 넘도록

이정표만 보고 이리저리 헤맨 남편의 얼굴이 눈에 들어왔다.

마음이 너무 아팠다.

아내의 아픔을 조금이라도 덜어 주려고 꾹꾹 감정을 누르고

길을 찾던 남편을 보니 안쓰럽고 미안했다.

남편은 목이 마르다면서 주머니를 뒤적이다가

사탕 한 개를 찾아서 먹으려고 까는데,

눅진한 게 껍질이 잘 벗겨지지도 않는다.

마침 준비해 온 현미녹차를 몇 모금 마시며

사탕을 우물우물 씹어 삼킨다.

이 모습을 보면서 나는 여러 가지 생각이 들어 착잡하다.

젊은 날, 미리 대비를 좀 했더라면 이렇지는 않았을 텐데….

내가 농사일을 힘들게 하거나 밖에 나가

돈벌이를 한 것도 아닌데, 나이 들었다고 해서

퇴행성으로 이렇게 망가져 버리다니….

이젠 여기저기 찾아다닐 용기도 나지 않는다.

그냥, 병원 순례는 이제 그만해야겠다.

Soon
2022

살아온 세월만큼 후회되는 일도 참 많구나

『인생, 너무 어렵게 살지 마세요』에서 정진홍 씨는

"늙음은 축복"이라고 했다.

보이지 않던 부분들이 보이기 때문이라고 말이다.

요즘 와서는 나도 오래전 일들이 새록새록 생각나는데,

부끄러운 일이 참 많다.

살아온 세월이 길어서인지 후회도 많다.

여전히 꺼내고 싶지 않은 일도 있다.

마음이 너무 아파서 건드리고 싶지 않은 기억이다.

후회, 하나.

큰딸이 국민학교 3학년일 때 청량리에서 잠실 시영아파트로

이사를 했다. 1학년 때부터 한 학교에 다녔기에

친한 친구가 많이 있었던 것 같다.

그때는 아이들이 지금처럼 어려서부터 학원에 다니거나
여러 가지 활동을 하느라 바쁘게 움직이는 편이 아니었기에,
방과 후에 아이들끼리 모여서 놀고
친구 집에도 어울려서 가던 때였다.

우리 아이가 이사했다는 말을 들은
친구 셋이 우리 집을 찾아왔다.
아이들 이름이나 그날 아이들이 그 먼 거리를 어찌 찾아왔으며,
어떻게 놀다 갔는지 하나도 기억나지 않는다.
하지만 지금까지도 마음에 걸리는 게 있다.
그토록 멀리 왔다가 돌아갔는데,
택시를 잡아 태워주고는 택시비를 주지 않고 보낸 것이다.
아마도 여유가 없어서 그랬던 것 같다.
하지만 그렇더라도 택시비는 있냐고 물어봤어야 했다.
그런 경우가 어디 있는가?

그때 생각만 하면 얼굴이 붉어지곤 한다.
지금 같으면 아마 옆집에서 꾸어서라도 줘서 보냈을 텐데,
요령도 없었나 보다.

후회, 둘.

몇 해 전, 미국에 사는 큰딸의 둘째 아들 지훈이가 한국에

오게 되었다. 교환 학생으로 온다는 소식을 듣고는

꿈에 부풀어 있었다.

오랜만에 외손주를 가까이에서 볼 생각을 하니,

‘이제 나도 진짜 할머니 노릇을 하는구나’ 싶었다.

손주가 쓸 방에 에어컨과 침대, 침구를 새로 준비하고

손주가 올 날을 손꼽아 기다렸다.

손주는 주로 학교 기숙사에 있었고 가끔 집에 왔다.

하지만 예상했던 것과는 달리 막상 손주와 만나니

간단한 일상의 대화는 할 수 있으나

손주의 속내를 아는 것이 쉽지 않았고

깊이 있는 대화를 하기도 어려웠다.

미국에서 교육을 받고 자라서 그런지 무척이나 자유분방해서

인터넷으로 찾아서 치열 교정이나 캄보디아 여행 계획을

세우고는 혼자서 다 할 수 있다고 막무가내로 우겨댔다.

세상 물정 모르는 손주 녀석이

내가 보기엔 불안하기 짝이 없었다.

비용이야 사위가 모두 부담하는 것이었지만…

처음 기대한 것과는 달리 서로 마음고생을 많이 하고는

그럭저럭 집으로 돌아갈 날이 되었다.

나는 어서 집에 가서 잘 도착했다는 전화를 받아야만

마음이 놓일 것 같았다.

하지만 손주는 미국에 도착해도 친구네 집에 가서

이삼 일 놀다가 집으로 가겠다는 것이다.

그동안 꾹꾹 눌러 놓았던 감정이 드디어 폭발하고 말았다.

한국말을 잘 이해하지 못하는 손주 녀석한테

한국에 오던 날부터 시작해서 지금까지 있었던 모든 일에 대해

언성을 높여가며 야단을 쳤다.

이제 몇 시간 후엔 공항에 데려다주어야 하고,

헤어지면 언제 또 보게 될지도 모르는데….

공항으로 가는 내내 침묵만 흘렀다.

그리고 헤어질 시간이 되자 갑자기 후회가 밀려와

가슴을 저미는 것 같았다.

좀 더 따뜻한 사랑을 담아

조용히 타이를 수는 없었던 걸까?

나는 손주를 끌어안고 울었다.

손주도 눈물을 뚝뚝 떨구며 출국장으로 들어갔다.

후회, 셋.

오지랖, 나이가 들수록 왜 그리 오지랖이 넓어지는지….

참으로 안타깝다. 아들네가 외국으로 발령을 받은 뒤,

전임자의 귀국이 늦어지면서

우리 집에서 같이 지낼 때의 일이다.

처음엔 몇 개월이면 떠나는 줄 알고 함께 지내기로 했는데,

차일피일 길어져 거의 일 년 정도 같이 있었다.

과천에 살다가 갑자기 이곳으로 이사를 오게 되니

무엇보다도 손녀딸 어린이집이 가장 큰 문제였다.

나는 그동안 지나다니면서 겉으로만 보고 괜찮다고 여긴

어린이집이 있었기에 그곳을 찾아갔다.

원장님을 만나서 길지 않은 시간이지만

우리 손녀가 이곳에 다닐 수 있겠느냐고 물어보았다.

원장님은 쾌히 승낙하시며 반갑게 맞아 주셨다.

나는 며느리와 상의도 없이 거의 결정하고는

이사한 다음 날부터 손녀를 어린이집에 보냈다.

며느리의 퇴근이 늦어지는 날이면

유모차를 끌고 가서 데리고 오기도 했다.

다른 친구들이 버스를 타고 집에 가는 걸 보면서

손녀가 얼마나 부끄러웠을까?

아기도 아닌데 유모차로 데리러 갔으니 말이다.

나는 그냥 그게 좋아서 그렇게 해 보고 싶었다.

그날도 또 유모차를 끌고 데리러 가니, 손녀는

“엄마는?” 하며, 슬픈 눈으로 나를 쳐다보는 것이 아닌가?

“응, 엄마는 아직 퇴근하지 않으셨어.”

그 말을 들은 손녀는 금방이라도 울 것 같은 표정으로

고개를 푹 숙였다. 결국 불과 일주일도 못 다니고

어린이집을 그만두게 되었다.

어린 마음에 무엇이 상처가 되었는지 몰라도,

그곳을 지날 때면 아예 그쪽을 쳐다보지도 않으려 했다.

그 후 며느리가 인터넷으로 여기저기 알아보고

손녀가 즐겁게 다닐 수 있는 어린이집을 찾았고,
외국에 갈 때까지 잘 다녔다.
내가 나서지 않더라도 요즘 젊은 엄마들이 알아서 잘할 텐데….
우리 집에 왔으니 무엇이든지 내가 다 해줘야 한다고 생각했다.
이 무슨 오지랖인가?
요즘도 그때 손녀딸이 슬픈 눈으로 나를 쳐다보던 일을
생각하면 후회스럽고 가슴이 아프다.

정말로 내가 바라는 노년의 모습은 모나지 않고
정답고도 부드러운 사람, 모든 일에 겸손하고 지혜로우며
풍부한 감정을 가진 그런 사람이다.
진심으로 그렇게 나이들고 싶다.

"고운 것도 거짓되고 아름다운 것도 헛되나
오직 여호와를 경외하는 여자는 칭찬을 받을 것이라"(잠 31:30).

정말로 내가 바라는 노년의 모습은 모나지 않고
정답고도 부드러운 사람, 모든 일에 겸손하고 지혜로우며
풍부한 감정을 가진 그런 사람이다.

2012
SOON

지금 시각은 오후 3시.

지하철 경로석에 앉아서 집으로 돌아가는 길이다.

옆 좌석에는 80대 초반으로 보이는

점잖게 생긴 노신사가 앉아 있었다.

갑자기 전화기에서 "카톡" 하고 울렸다.

노신사는 반사적으로 깜짝 놀란다.

나도 무의식중에 화면을 보게 되었다.

이런, 야동이었다. 어쩜 이런 대낮에…

올해 국회에서 많이 시끄러웠던 추미애 법무장관이 한 말,

"… 소설을 쓰시네"가 생각이 났다.

나도 소설을 한 편 쓰기 시작했다.

이분의 직업은 무엇이었을까?

고급 공무원이었다가 정년 퇴임한 사람일까?

그렇다면 퇴직 후 시간이 많아졌을 것이고

큰 근심이나 걱정 없이 살아가며 비교적 안정되게

노후를 보내고 있을 것이다.

퇴직 후에 같은 퇴직자들끼리 카톡도 주고받으며 한 달에

한 번씩 모임을 하는 등 친구 관계도 원만한 사람일 것이다.

친구 하나가 어느 날 치매 예방에 좋다며

야동을 보내기 시작했다. 매일 받다보니,

하루라도 안 보면 무언가 할 일을 다 못한 것 같다.

점점 이전과는 좀 다른 것, 더 자극적인 것을 원하게 되었다.

이것을 눈치챈 아내가 남편 전화기를 몰래 들고 나와

친구 칸에서 차단을 눌러 버렸다. 하지만 노신사는

그것도 모르고 '왜 연락이 안 오지? 어디 아픈가?' 한다.

무심결에 남편은 아내에게

박선생이 "몸이 아픈가 봐, 통 카톡을 안하네"라고 한다.

아내는 속으로 '어머나, 기다리고 있었구나'라며

한 번 더 실망한다. 남편이 스마트폰을 충전한다며 두고

외출한 어느 날, 아내는 남편의 카톡을 뒤졌다.

‘아이고…’ 너무도 추하고 더러운 장면들이

고스란히 저장되어 있는 것이 아닌가!

아마도 밤마다 이것을 돌려가며 보고 또 보고 했던 모양이다.

아내는 화가 치밀어서 카톡에서 나가기를 하고는

박 선생에게 문자를 보냈다.

“박 선생님, 저는 공씨 부인되는 사람입니다.

연세도 지긋한 분이 어찌 그리 저속한 동영상을

보내셨습니까? 물론 받아준 사람도 잘못이지만 말입니다.

박 선생님 카톡은 오늘 제가 없앴습니다.

인생이 얼마나 길다고 … 자식들 보기에 부끄럽지 않으십니까?”

“네, 사모님. 그러시면 안 보내죠. 선호하시는 줄로

잘못 알았습니다. 앞으로 안 보내겠습니다.

그리고 우리 부부는 휴대폰을 본인 외에는 안 봐요.

그래서 저와 같은 줄 알았습니다. 제가 잘못 판단했습니다.

박 ○○ 드림”

또 며칠이 흘렀다.

이제는 괜찮겠지 싶어서 아내는 안심하고 있었다.

그랬는데 갑자기 탁자 위에 있던 전화기 화면에

"박○○이 동영상을 보냈습니다"라는 카톡이 떴다.

'이런…' 아내는 화가 치밀어오르고 부들부들 떨리기까지 했다.

남편에게 "네가 사람이냐"고 다그쳤다.

남편은 화를 내며 "그런 거 아냐. 내가 박선생한테

미안하게 되었다고 사과했어. 이젠 안 봐" 하고 소리를 질렀다.

그러곤 방귀 뀐 놈이 성낸다고 다른 방으로 문을 닫고 들어간다.

아내는 영 잠이 오질 않는다.

별별 생각을 다 하다가 다시 박 선생에게 문자를 보냈다.

"박 선생님, 다시 한번 부탁드립니다.

야동을 선호하는 남편을 두어 요즘 신경쇠약에 걸릴 지경입니다.

엄동설한에 이혼하겠다고 쫓아다닐 수도 없고

박○○씨, 이름 석 자만 봐도 가슴이 떨립니다.

카톡 좀 하지 말아주세요.

만일에 우리 집에 불행한 일이 생긴다면

그건 온전히 박○○씨 때문이란 걸 명심해 주시기 바랍니다."

아내는 거의 밤잠을 설치고 아침에 전화기를 보니

답글이 와 있었다.

박씨 왈, "이런 일은 두 번 다시 생기지 않도록 삭제하겠습니다.

언짢게 해드려 송구합니다.

남에게 원망 사는 일 없도록 하겠습니다.

부탁입니다. 지난번 말씀하신 뒤로는 안 보내고 일반 카톡은

알아채실까 봐 가끔 건전한 것만, 아주 가끔 보냈는데

앞으로는 어떤 내용도 보내지 않겠습니다.

오해 없길 바랍니다."

아내는 '후유' 한숨을 쉰다. 남편을 보니 측은하기도 하다.

자기도 구정물 같은 머릿속을 좀 깨끗이 비워 보려고

애쓰는 모습이 역력하다. 그냥 눈 감고 소파에

하루종일 부처님처럼 앉아 있다.

중독, 중독은 괴물의 포로가 되는 것이다.

이건 정말 무서운 괴물이다.

우리나라는 요즘 IT 강국이라며 젊은이, 늙은이 할 것 없이

핸드폰을 손에 쥐고 있고, 미디어로 인한 유혹에 빠지기도 쉽다.

하지만 누군가 막아 주어야만 한다.

인생을 많이 산 사람은 괜찮다고? 천만의 말씀이다.

이가 반 이상 빠진 늙은이가 틀니를 끼고 앉아서
이것을 들여다보는 모습은 상상만 해도 추하다.
차라리 피 끓는 젊은이라면 좀 낫겠다.

구약성경 사무엘하 11장을 보면 다윗왕의 이야기가 나온다.
다윗왕은 하나님께서도 내 마음에 합한 자라고 하신
역사를 빛낸 위대한 왕이다.
다윗은 많은 고초와 죽을 고비를 여러 번 넘기고 왕위에 올랐다.
전쟁에서 몇 번 승리하고 자리가 편안하고 견고해진 후,
유혹에 넘어지는 일이 생겼다.
부하들이 전쟁터에서 목숨을 걸고 싸우고 있을 때
한가하게 왕궁 옥상에서 거닐다가 아래를 내려다보니
밧세바가 목욕을 하고 있었다.
다윗은 신하를 시켜서 그를 데려와 범하고 말았다.
밧세바는 유부녀로, 다윗의 군대에 있는 우리야의 아내였다.

밧세바가 임신했다는 사실을 알게 된 다윗은
전쟁터에 있던 남편, 우리야를 불러서 휴가를 줄 테니
밧세바와 함께 있으라고 명령했다.

하지만 충직한 우리아는

그럴 수 없다며 밧세바와 함께 지내지 않고

부대원들과 같이 머물다가 다시 전쟁터로 갔다.

다급해진 왕은 우리야를 최전방에 앞세워

결국 적군에 의해 죽게 만들었다. 나중에 하나님께서는

나단 선지자를 보내셔서 다윗을 꾸짖으셨다.

그는 크게 회개하고 하나님께 용서를 구했다.

결국 다윗왕과 밧세바 사이에서 난 아이는 죽게 되었고

다윗은 용서받긴 했으나 그 상처는 영원히 남아서

역사에 오래도록 오점을 남기게 되었다.

요즘 신문이나 매스컴에서 신뢰를 받고 존경받던 사람이

이런 문제로 한순간에 나락으로 떨어지는 모습을 보곤 한다.

성적인 유혹이라는 괴물 앞에는 이길 장사가

그리 많지 않은 것 같다.

종교지도자, 정치지도자, 교육자 등

그 누구도 상대하기 쉽지 않은 이 괴물을 어찌해야 할까?

나는 초반부터 뼈를 깎는 아픔을 견디며

단단히 물리쳐야 한다고 생각한다.

"하나님이여 주의 인자를 따라 내게 은혜를 베푸시며
주의 많은 긍휼을 따라 내 죄악을 지워 주소서"(시 51:1).

다윗은 용서받긴 했으나 그 상처는 영원히 남아서
역사에 오래도록 오점을 남기게 되었다.

하룻밤에 만리장성을 쌓다

순간의 선택이 평생을 좌우한다는 말을 들어봤을 것이다.
그 좋은 예가 있어서 적어 본다. '하룻밤에 만리장성을 쌓다',
'하룻밤을 자도 만리장성을 쌓는다'는 말은 대개 만난 지
얼마 되지 않았지만 깊은 인연을 맺는다는 뜻으로 알고 있다.
이 말에는 비하인드 스토리가 있다.

중국 진시황이 만리장성을 쌓을 계획을 세우고
기술자와 인부들을 모아 대역사를 시작했을 때였다.
어느 젊은 남녀가 결혼하고 한 달 정도 되었을 때
남편이 만리장성을 쌓는 부역에 징용되었다.
일단 징용되면 그 일이 언제 끝날지 모르는 상황이기 때문에
죽은 목숨이나 다름없었다.

인편을 통해서 안부 정도는 알 수 있지만
일단 부역장에 들어가면 공사가 끝나기 전에는 나올 수 없어서
부부는 생이별을 하게 되었다.
남편을 부역장으로 보낸 뒤,
여인은 외딴집에서 홀로 살고 있었다.

어느 날, 지나가던 나그네가 찾아들었다.
"갈 길은 먼데 날은 이미 저물었고
근처에 인가라고는 이 집밖에 없습니다.
헛간이라도 좋으니 하룻밤만 묵어가게 해주십시오" 하고
정중하게 부탁을 하는 것이었다.
상황을 뻔히 아는지라 여인네가 혼자 살기에
과객을 받을 수가 없다며 거절할 수는 없었다.
저녁 식사를 마친 후 사내는
"보아하니 이 외딴집에 혼자 사는 듯한데, 사연이 있나요?"라며
말을 건네왔다.
여인은 남편이 부역 가게 된 이야기를 숨기지 않고
다 말해 주었다.
밤이 깊어지자 사내는 노골적으로 수작을 걸었고

여인이 쉽사리 허락하지 않자 실랑이가 벌어졌다.

"이렇게 살다가 죽는다면 너무 허무하지 않습니까?

그대가 돌아올 수도 없는 남편을 생각하며

정조를 지킨들 무슨 소용이 있습니까? 아직 우리는 젊지 않소?

당신의 평생을 책임질 테니 나와 함께 멀리 도망가서

행복하게 삽시다"라며 저돌적으로 달려들었다.

깊은 밤에 인적도 없는 외딴집에서 절개를 지키겠다고

저항한들 소용없는 일이라 생각한 여인은 일단

사내의 뜻을 받아들여 몸을 허락하겠다고 했다.

다만 한 가지 부탁을 들어달라고 조건을 걸었다.

귀가 번쩍 뜨인 사내는 어떤 부탁이라도 다 들어줄 테니

말해 보라고 했다.

"남편과 결혼식을 올리고 잠시라도 함께 산 부부의 정이 있는데

부역장에서 언제 올지 모른다고 해서

그냥 당신을 따라나설 수는 없는 일 아닙니까?

제가 새로 지은 남편의 옷을 한 벌 싸드릴 테니

날이 밝는 대로 제 남편을 찾아가서 갈아입을 수 있도록

전해 주시고 증표로 글 한 장만 받아오십시오.

어차피 살아서 만나기는 힘들 것이니,
남편에게 수의를 마련해 주는 심정으로 옷이라도 한 벌
입히고 나면 당신을 따라나선다 해도
마음이 좀 홀가분해질 것 같습니다.
당신이 제 심부름을 마치고 돌아오시면
저는 평생 당신을 의지하고 살 것입니다.
저와 먼저 이것을 약속해주신다면 제 몸을 허락하겠습니다.”

들고 보니 그리 어려운 일도 아닌지라 사내는 그렇게 하기로
약속하고는 이게 웬 떡이냐 하는 심정으로 덤벼들었다.
자신의 모든 것을 동원해서 욕정을 채운 뒤
곯아떨어졌다가 누가 흔들어서 깨 보니 아침이었다.
젊고 고운 여자의 얼굴이 아침 햇살을 받아 빛나니
잠결에 보아도 양귀비와 같았다.
저런 미인과 평생을 같이 살 수 있다고 생각하니
황홀해서 간밤의 피로도 잊고 벌떡 일어나서
어제의 약속을 이행하기 위해 길 떠날 채비를 한다.
여인도 사내가 보는 앞에서 장롱 속의 새 옷 한 벌을 꺼내
보자기에 싸더니 봇짐에 넣었다.

잠시라도 떨어지기 싫었지만 하루라도 빨리

심부름을 마치고 와서 평생을 해로해야겠다는 마음으로

사내는 부지런히 걸었다. 드디어 부역장에 도착했다.

감독하는 관리에게 면회를 신청했다.

옷을 갈아입히고 글 한 장을 받아 가야 한다는 사정을

얘기했더니 관리는 옷을 갈아입히려면 공사장 밖으로

나와야 하는데 한 사람이 작업장을 나오면 그를 대신해서

다른 사람이 들어가 있어야 하는 규정 때문에

옷을 갈아입을 동안 잠시 교대를 해주어야 한다고 했다.

여인의 남편을 만난 사내는 시킨 대로 말하고

그에게 옷 보따리를 건네주었다.

“옷 갈아입고 편지 한 장 써서 빨리 돌아오시오”라고 말한 뒤

사내는 별생각 없이 작업장으로 들어갔다.

남편이 옷을 갈아입으려고 보자기를 펼치자

옷 속에서 편지가 떨어졌다.

　당신의 아내 해옥입니다.

　당신을 공사장 밖으로 끌어내기 위해서

이 옷을 전한 남자와 하룻밤을 지냈습니다.
이런 연유로 외간 남자와 하룻밤을 자게 된 것을 두고
평생 허물로 여기지 않겠다는 각오가 서시면
이 옷을 갈아입는 즉시 제가 있는 집으로 돌아오십시오.
혹시라도 그럴 마음이 없거나 허물을 삼으려거든
그 남자와 다시 교대해서 공사장 안으로 도로 들어가십시오.

세상 어느 바보가 평생 못 나올지도 모르는
만리장성 공사장으로 다시 들어가겠는가?
자신을 부역에서 빼주기 위해서 다른 남자와 하룻밤을
지낸 일을 용서하고 아내와 오순도순 사는 것이 낫지 않은가.
남편은 옷을 갈아입고 그 길로 아내에게 달려와서
아들딸 낳고 행복하게 살았다.

한편 만리장성 공사 현장에는 언젠가부터 실성한 사람이
보였다고 한다. 혼자서 뭐라고 하면서 큰 돌을 옮기곤 했는데,
이런 말을 중얼거렸다고 한다.
"하룻밤밖에 못 잤는데, 만리장성을 쌓는구나."

Soon
2022

우리집 앞 베란다에는 크고 작은 화분이 즐비하게 놓여 있다.

그 너머로 공원이 보이는데, 사계절 풍경이 너무나 아름답다.

봄이면 아카시아 향기가 바람을 타고

집 안으로 들어와 거실을 온통 점령한다.

보기에 좋고 향기로움도 지닌 공원이다.

배드민턴 코트가 두 개 있고 갖가지 운동기구도 잘 갖춰져 있다.

커다란 평상이 두 개 있고

긴 의자 세 개가 마주 보고 있는 큰 정자도 있다.

정자에는 늘 몇 사람이 앉아 있는 게 보인다.

한가롭고 정겨운 풍경이다.

하지만 25년 넘게 이 아파트에서 살았는데도,

멀리서 바라보며 감탄만 할 뿐 공원을 걸어본 건

두세 번 정도다. 무엇이 그리 바빴는지…

그랬던 내가 요즘은 매일 아침 그곳을 걷는다.

아침에 남편과 예배를 드린 뒤에 나는 어김없이 집을 나선다.

오늘도 공원 안에 있는 원형 경기장을 서른다섯 바퀴 걸었다.

요즘 들어 부쩍 허리가 안 좋아졌다.

밤에는 자다가 두세 시간 간격으로 아파서 깬다.

갖가지 방법을 다 동원하고 병원도 수없이 찾아다니며

수술만 빼고는 다 해봤다.

처음에는 괜찮아진 듯하다가 또다시 원점으로 돌아가곤 한다.

이럴 수가 있나 싶어서 낙심되고 우울해진다.

최근에는 진짜 마지막이다 싶은 마음으로 가까운 정형외과에

갔다. 거기도 큰 효과는 없었지만, 마음은 치유되었다.

아파트가 생길 때부터 있는 정형외과인데,

환자가 진찰을 받으러 원장실에 들어가면

항상 원장 선생님이 일어나서 환자를 맞으신다.

그런 뒤 한결같이 조용한 말투로 환자의 상태를 말해 주신다.

과장하지 않고 있는 그대로, 자세하게 설명하신다.

116

나처럼 퇴행성인 경우에는 치료와

걷기 운동을 병행해야 한다고 하셨다.

걷기가 힘들면 지팡이를 짚고라도 걸으라신다.

노인들이 지팡이 짚고 걷는 모습은 아름답다고 하시면서

부드럽게 격려해 주신다.

그동안 여러 군데 정형외과를 전전하면서 수모도 참 많이 당했다.

비싼 주사를 여러 번 놔 주고도 별로 차도가 없자

오히려 "허리 좀 펴요" 하고 소리 지르는 의사도 있었다.

나는 속으로 '아니, 내가 펴고 싶지 않아서 안 펴나.

펴지질 않으니까 못 펴는 거지'라고 했다.

또 어떤 젊은 의사 선생님은 내가 하루 이틀 갔다가

한참 쉬었다 가면 막 혼을 냈다. 치료를 꾸준히 해야지,

달랑 한두 번 다니고 말면 치료가 되겠느냐면서 말이다.

내 경우는 허리 상태가 안 좋고 나이도 많아서

수술도 할 수 없으니, 그때그때 관리하며 사는 방법밖에 없는데,

왜 그렇게 말을 안 듣느냐는 거다.

내가 스테로이드가 꺼려진다고 하니,

자기네 병원도 스테로이드 약제를 쓴다고 하면서,

‘어디 요즘 같은 시대에 병원이 된장 발라서 치료합니까?’라고

되묻는다.

소염진통제도 꾸준히 먹으란다.

그건 다시 말하면, 죽을 때까지 약 먹고 주사 맞고

그렇게 관리해야만 한다는 얘기인데….

나는 진통제나 주사를 딱 끊어 보고 싶었다.

그러자니 통증은 좀처럼 멈출 기세가 아니다.

그래서 선택한 것이 아침 시간에 공원에 가서

한 시간 정도 원형 경기장을 걷는 것이었다.

조엘 오스틴의 책 『긍정의 힘』에 하나님께서는

우리가 스스로 할 수 있는 일을 다 했을 때 친히 개입하셔서

우리가 할 수 없는 부분을 해결해주신다는 내용이 있다.

그 말처럼 나도 내가 할 수 있는 일에 최선을 다해보기로 했다.

그런 생각에서 시작한 것이 공원을 걷는 일이었다.

처음 세 바퀴는 지팡이를 짚고 천천히 걷는다.

두 바퀴는 지팡이를 들고 빠른 걸음으로 걷는다.

그러면 바를 정(正)자, 한 개가 만들어진다.

이렇게 운동장 바닥에 정(正)자 7개를 쓰면,

걷기를 마치고 집으로 돌아온다.

이런 나를 본 어떤 사람이 그렇게 돌면 어지럽지 않냐,

또 지루하지 않냐고 묻는다.

하지만 난 전혀 그렇지 않다.

경기장을 돌면서 속으로 찬양을 부르기 때문이다.

곤한 내 영혼 편히 쉴 곳과 풍랑 일어도 안전한 포구
폭풍까지도 다스리시는 주의 영원한 팔 의지해.

세상 친구들 나를 버려도 예수 늘 함께 동행함으로
주의 은혜가 충만하리니 주의 영원한 팔 의지해.

나의 믿음이 연약해져도 미리 예비한 힘을 주시며
위태할 때도 안보하시는 주의 영원한 팔 의지해.

능치 못한 것 주께 없으니 나의 일생을 주께 맡기면
나의 모든 짐 대신 지시는 주의 영원한 팔 의지해.

주의 영원하신 팔 함께 하사 항상 나를 붙드시니

어느 곳에 가든지 요동하지 않음은 주의 팔을 의지함이라.

이 찬양을 속으로 열 번 정도 되풀이해서

부르다 보면 걷기가 거의 끝이 난다.

가사를 한 구절 한 구절 곱씹으면서 부르다 보면

정말로 주의 팔에 의지해서 걷고 있는 것 같다.

정말로 주님과 함께 대화를 나누며 걷는 것 같다.

어느 목사님께서 설교 중에 하신 말씀처럼,

기쁨은 고통의 부재가 아니라 하나님의 임재이다.

2h.SOON

남편과 함께 드리는 아침 예배

아침마다 나는 정한 시간에 남편과 예배를 드린다.

십오 년이 더 된 것 같다.

삼 남매가 모두 가정을 이루어 딸 둘은 미국에,

아들은 중국에 흩어져 살게 된 후로는

하루라도 예배를 드리지 않으면

아이들을 만나지 못한 것 같아서 찜찜하다.

오늘도 우리는 『가정 예배서』의 순서대로 예배를 드렸다.

먼저 말씀을 읽는데, 에베소서 1장 7-14절까지의 말씀으로

놀라운 구원의 역사에 대해서 귀한 메시지를 받았다.

　우리는 예수 그리스도로 말미암아 구원을 받았습니다.

　예수님께서 우리의 죄를 속량해 주시려고 십자가에 달려

돌아가심으로 우리의 모든 죄악이 씻겨졌고

이 말씀을 믿고 고백하면 우리의 모든 죄는 사함을 받고

하나님의 자녀가 되는 특권을 누리게 됩니다.

뿐만 아니라 예수님께서 승천하시면서

우리에게 성령 하나님을 보내 주셨습니다.

구원의 확신이 있는 사람은

우리 안에 내주하시는 성령님을 통하여

구원받은 백성으로서 우리가 하나님 나라에 가서

뿐만 아니라 이 땅에서도 하나님의 자녀로서

기쁨과 영광을 누리게 됩니다.

슬픔 많은 이 세상도 천국으로 변하는

놀라운 구원의 역사가 일어나게 됩니다.

이런 내용이었다. 나는 우리 아이들을 한 명씩 떠올리며

'구원의 확신'이 있는지 생각해 보았다.

감사하게도 삼 남매 모두 구원의 확신을 가지고 있다.

얼마 전에 큰딸이 느닷없이

"엄마 나는 지금 죽는다고 해도 두렵지 않아요.

하나님 앞에 갈 테니까"라고 해서
속으로 가슴이 철렁한 적이 있었다.
아이를 다섯이나 둔 어미가 아이들은 어쩌라고
그런 말을 하나 싶어서 서운한 생각이 들었지만
그 정도로 구원의 확신이 있다는 말이니 감사한 생각이 들었다.

둘째 딸, 막내아들도 구원의 확신이 있으며,
일상생활 가운데 항상 하나님을 최우선 순위에 두고 살아간다.
이것이 바로 멀리 떨어져 살아도 걱정스럽지 않은 이유이다.

그 다음은 기도드리는 시간을 가진다.

"하나님 아버지, 오늘도 저희가 이렇게 예배드릴 수 있도록
믿음과 모든 여건을 허락해 주시니 참 감사드립니다.
오늘 하루도 성령 하나님의 인도하심으로
아버지께서 원하시고 기뻐하시는 삶을 살게 하여 주시옵소서.
우리 내외뿐만 아니라 우리에게 맡겨주신 아이들도
동일한 은혜로 채워 주시옵소서.

먼저 큰딸네 우리 유서방, 소정이, 성훈이, 지훈이, 주은이,
정훈이, 영훈이 그리고 성훈이 고모네 아이들, 성훈이 할머니
오늘도 눈동자처럼 지켜 보호하여 주시옵소서.

좋으신 아버지 하나님, 작은딸네 우리 허서방,
그리고 소영이, 인찬이, 인경이, 인혜 그리고 인찬이 할머니,
인찬이 고모네 가족들 오늘도 불꽃 같은 눈으로
지켜 보호하여 주시옵소서.

좋으신 아버지 하나님, 우리 아들 두진이 그리고
서경이, 서윤이, 서경이 부모님들 서경이 오빠네 가족들,
오늘도 눈동자처럼 지켜 보호하여 주시옵소서.
우리 모두를 불쌍히 여겨 주시옵고 긍휼히 여겨 주시옵소서."

'긍휼'이라는 말은 엄마의 자궁을 의미한다고 하는데,
우리 모두를 엄마의 자궁 안에 있는 것처럼
그렇게 품어 주십사고 기도드린다.
아들네 기도를 드릴 때 가끔씩은 좀 더 기도가 길어질 때가 있다.
국제 학교에서 아이들을 가르치고 있는 며느리를 위해서는

아이들을 가르칠 때 신앙을 바탕으로 사랑하며
잘 가르칠 수 있기를 기도한다.
그리고 아들은 한 가정을 책임지는 가장이기도 하지만
본사에서 파견되어 지사의 모든 책임을 맡은 책임자로서
혹시라도 실수하는 일이 없도록 기도한다.
늘 하나님께는 겸손한 사람,
사람들에겐 온유한 사람이 되게 하여 주십사
간절히 기도드린다.

온유와 관련해서 그동안 나는 온유하다는 것을
부드러움, 따뜻함, 친절함 정도로 이해했는데
김진홍 목사님의 설교를 들으면서
온유에 대해 깊이 있는 깨달음을 얻게 되었다.

온유한 사람이란, 먼저 하나님께 대해서는
비록 이 모양, 저 모양으로 우리에게 좋지 않은 일이 있다 해도
하나님을 원망하지 않고 나에게 가장 좋은 것을 주시는
좋으신 하나님을 신뢰하는 사람이다.

두 번째는 이웃에 대한 온유인데,

마태복음 5장 38-42절처럼

"눈은 눈으로 이는 이로 갚으라 하였다는 것을 너희가 들었으나

나는 너희에게 이르노니 악한 자를 대적하지 말라

누구든지 네 오른편 뺨을 치거든 왼편도 돌려대며

또 너를 고발하여 속옷을 가지고자 하는 자에게

겉옷까지도 가지게 하며

또 누구든지 너를 억지로 오리를 가게 하거든

그 사람과 십리를 동행하고 네게 구하는 자에게 주며

꾸고자 하는 자에게 거절하지 말라 악한 자를 대적하지 말고

그 사람을 위하여 기도하라"는 말씀대로 하는 사람이다.

세 번째는 자신에 대한 온유로,

어떤 사건이나 사람에 대하여 화풀이하고 싶으나

"절제하며 참을 수 있도록 도와주십시오"라고

기도드린다는 것이다.

믿음이 깊을수록 즉 온유한 사람일수록 바보가 되며

바보스럽게 살아가라고 하신다.

이 말씀처럼 우리 아들 두진이가 온유한 사람이 되게

해주시도록 간절한 마음으로 기도를 드린 후

올해부터는 남편과 함께 잠언을 하루에 한 장씩

교독하는 것으로 예배를 마친다.

잠언을 읽으면서 매일 아침 은혜를 받는다.

잠언 말씀은 우리가 살아가면서 겪게 되는 다양한 일상들을

지혜롭게 살아가는 방법에 대해 잘 알려주기 때문에

읽을 때마다 큰 은혜를 받는다.

이렇듯 매일 아침, 예배를 드리는 시간은

우리 부부가 마음으로 아이들을 만나는 시간이자,

오늘도 하나님께서 우리 아이들과 함께해 주십사

간구하는 시간이다.

"그러나 온유한 자들은 땅을 차지하며
풍성한 화평으로 즐거워하리로다"(시 37:11).

온유한 사람이란 하나님을 원망하지 않고
나에게 가장 좋은 것을 주시는
좋으신 하나님을 신뢰하는 사람이다.

아침에 집 앞 공원을 걷기 시작한 후,

두 번째 겨울을 맞이하게 되었다.

그렇게 무성했던 나뭇잎이 속절없이 떨어져 수북하게 쌓인

공원 길을 걷자니 발밑에서

낙엽들이 아프다고 소리치는 것 같았다.

낙엽을 보면서 지금의 내 모습이 이런 건 아닌가 싶어서

처량한 생각도 들었다.

처음 시작할 때는 희망을 가지고 매일 아침 걷고 또 걸었지만

고통은 쉽게 가실 줄 모른다.

나는 속으로 하나님께 '하나님! 어찌하시려고요.

하나님 앞에 갈 때까지 그냥 이대로 살아야 하는 거예요?

그러시려면 지금 데려가세요'라고 말했다.

가슴속 깊은 곳에서 분노 같은 것이 끓어올라서,

'제 인내심이 바닥난 것은 하나님도 잘 아시잖아요?'라고

말하고 있었다.

막막한 심정으로 집으로 돌아오고 있었는데

마침 아파트 정문 앞에서 우리 라인 102호 형님을 만났다.

이런저런 얘기 끝에 형님도 나와 같은 증상으로

안 다녀본 병원이 없을 정도였다고 했다.

우연한 기회에 친구에게 정형외과를 소개받아서

몇 번의 치료를 받은 후 지금은 별 불편 없이 잘 지낸다며,

내게 그 병원을 소개해 주었다.

나는 이제 병원 순례는 그만하고

하나님께서 고쳐주실 때까지 열심히 걷겠노라고 다짐했기에,

내가 또 병원을 찾아간다면

그건 하나님과의 약속을 어기는 것 같아서 마음이 불편했다.

하지만 지금 내가 처한 상황은 너무 절망적이어서

다시 하나님께 여쭈어보았다.

그랬더니, "얘야, 나는 상식의 하나님이다. 약도 내가 만들었고

내가 치료해 줄 때 사람을 통해서 하지 않겠니?"라고

하나님께서 말씀하시는 것만 같았다.

형님에게 소개받은 병원을 찾아갔더니,

참 깨끗하고 최첨단 시설을 보유하고 있는 것 같아 보였다.

특히 원장님의 인상이 매우 좋고 친절하셨다.

원장님은 가지고 간 두 개의 MRI를 판독하신 후

다시 X-ray를 찍어 척추측만으로 휘어진

허리와 협착된 척추 사진을 보니 치료하는 데까지

해 보자고 하셔서 그날부터 치료를 시작했다.

아직 몇 번 치료받지 않았지만 허리가 펴졌다.

밤에도 불편 없이 자게 되었다.

앞으로도 이렇게 아프면 가서 치료받고 관리하며 지내면

되겠다는 확신이 들었다.

오늘은 주일, 남편과 이른 새벽에 전철을 타고

교회에 가기 위해서 역까지 걸어가는데 지팡이를 짚지 않고

남편 손도 잡지 않은 채로 앞장서서 걸으니 눈물이 났다.

"하나님, 감사합니다."

그동안 나는 운동을 열심히 한다고 하면서
오히려 허리를 망가뜨리는 운동을 꾸준히 해온 것 같다.
첫째 자세가 가장 중요하다고 하는데,
앉는 자세, 걷는 자세, 잠 자는 자세 등
모두 바르지 않은 자세로 생활하면서
시간과 노력만 들이면 될 거라고 생각했었다.

운동을 할 때에도 무리하면 안 되고
나에게 맞는 운동을 적당히 해야 한단다.

요즘은 병원에 다닌 후 통증이 많이 완화가 된지라
우선 바른 자세로 신이 내린 명약이라 하신 걷기를 한다.
집앞 공원을 서두르지 않고 천천히,
누가 보면 거만하다고 생각할 정도로 허리를 펴고
드라마 바이블을 들으며 거의 매일 걷고 있다.
나의 평생을 함께 걸어주신 하나님과 함께…